博物馆的宝藏文物

嘿，原来是表情包！

王骢颖——绘著　冯翰宁——文

中信出版集团 | 北京

图书在版编目（CIP）数据

嘿，原来是表情包！博物馆的宝藏文物 / 王骢颖绘著；冯翰宁文. -- 北京：中信出版社，2021.6
ISBN 978-7-5217-3085-2

Ⅰ. ①嘿… Ⅱ. ①王… ②冯… Ⅲ. ①博物馆–历史文物–中国–少儿读物 Ⅳ. ①K87-49

中国版本图书馆CIP数据核字(2021)第076009号

嘿，原来是表情包！博物馆的宝藏文物

绘　著：王骢颖
文　　：冯翰宁
出版发行：中信出版集团股份有限公司
（北京市朝阳区惠新东街甲4号富盛大厦2座　邮编　100029）
承 印 者：北京盛通印刷股份有限公司

开　本：880mm x 1230mm　1/32　印　张：7.5　字　数：89千字
版　次：2021年6月第1版　印　次：2021年6月第1次印刷
书　号：ISBN 978-7-5217-3085-2
定　价：58.00元

淡定
尴尬了
跪了，赞！
困
红包拿来
完美
捧你在手心

骢颖姐姐的话

大朋友和小朋友，你们好呀！我是喜欢画画和旅行的骢颖姐姐，除了画画、旅行，我更喜欢探索奇奇怪怪的历史文化知识。

我经常在旅行的时候去各地的博物馆打卡，对我来说，每一件文物，都是历史的见证者；每次凝望他们的时候，我都能感受到岁月斑驳的痕迹。

当我在南京博物院旅行打卡的时候，走过历史馆的长廊，仿佛穿越了一般，忽然觉得博物馆里的文物变得生动起来，特别是那些形态各异的陶俑，仿佛动画人物。他们身穿不同的服饰，做着有趣的动作，就像在我眼前呈现着一段段小品故事，我沉浸其中，在想象中驰骋，可以

独自快乐一整天。

例如书中收录的“苍茫的天涯是我的爱”这一幅，表情包原型是汉代的侍女俑，因为岁月的风化，它的本来面目已经模糊，但在陈列时，被摆放在一排排陶俑前面，看上去就像一个广场舞的领舞，趣味横生。那一瞬间，我萌生了要画一组现代版陶俑的念头，便有了这本书的诞生。

希望在这种现代与历史的碰撞中，各位大朋友和小朋友，能感受到不一样的火花！

目录

三国

西晋

东晋十六国

南朝

北朝

隋

唐

五代十国

宋

金

明

注：本书绘制的文物表情包系艺术创作，不严格依据史实，为避免误导，特此说明。

文物之旅开启！

新石器

猪形陶罐

馆藏地

南京博物院

这件陶罐出土于江苏高邮的龙虬庄遗址，这是一处距今7000~5000年的远古人类遗迹。这个陶罐造型憨态可掬，表情生动有趣，好似现在的存钱罐，那么，当时的人们又为什么要制作这种造型的陶罐呢？

原来啊，龙虬庄的先民们原本居住在北方，在迁移到龙虬庄以前他们就学会饲养家猪了，猪肉是他们重要的肉类食物，养猪的家庭便是富裕人家了。这样的家庭里，如果有人死去，家人们便会制作家猪造型的陶罐来随葬，希望死去的人在另一个世界继续享受这种富足。

聚宝生财
招財進寶

新石器

人头壶

馆藏地

西安半坡博物馆

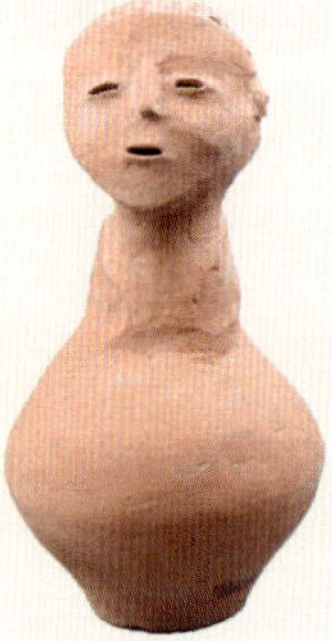

这件人头壶来自陕西洛南的焦村遗址，是6000多年前的产物。人头面部表情十分柔和，整体形状仿照孕妇制成。

这6000多年前的壶，人头部分的头发已经井然有序，说明当时的人已经有了对美的需求，学会了打扮自己，懂得如何整理发髻，而不是顶着一头乱发。

往壶里倒点水后会发现这把壶有点儿“恐怖”，因为水会从陶人的眼和口部流出来，就像是母亲从眼中流出泪水。这或许是在表现女人孕育孩子的不易，用这样的造型赞颂母亲含辛茹苦抚养孩子的爱与奉献。

西湖的水我的泪

新石器

兴隆沟陶人

馆藏地

内蒙古史前文化博物馆

这尊陶人出土于内蒙古赤峰市的兴隆沟遗址，距今已有 5300 年了。

他是怎么被发现的呢？2012 年，考古人员在兴隆沟发现了几片特殊的红陶片，又经过连日的搜索，找到了几千片碎片，最终拼合成了一尊完整的人身像。

那么这个人像又是谁呢？当时此地盛行崇拜女神的文化，女性神像发现较多。而这个盘腿张嘴的人像明显是一个男性，所以应该不是神像，那又是什么人被制作了如此复杂精美的塑像呢？他必定身份地位崇高，可能是当地的一位王者，也可能是一名男觋（xí，巫师），你们看，他张开的嘴是不是很像在念诵祝词呢？

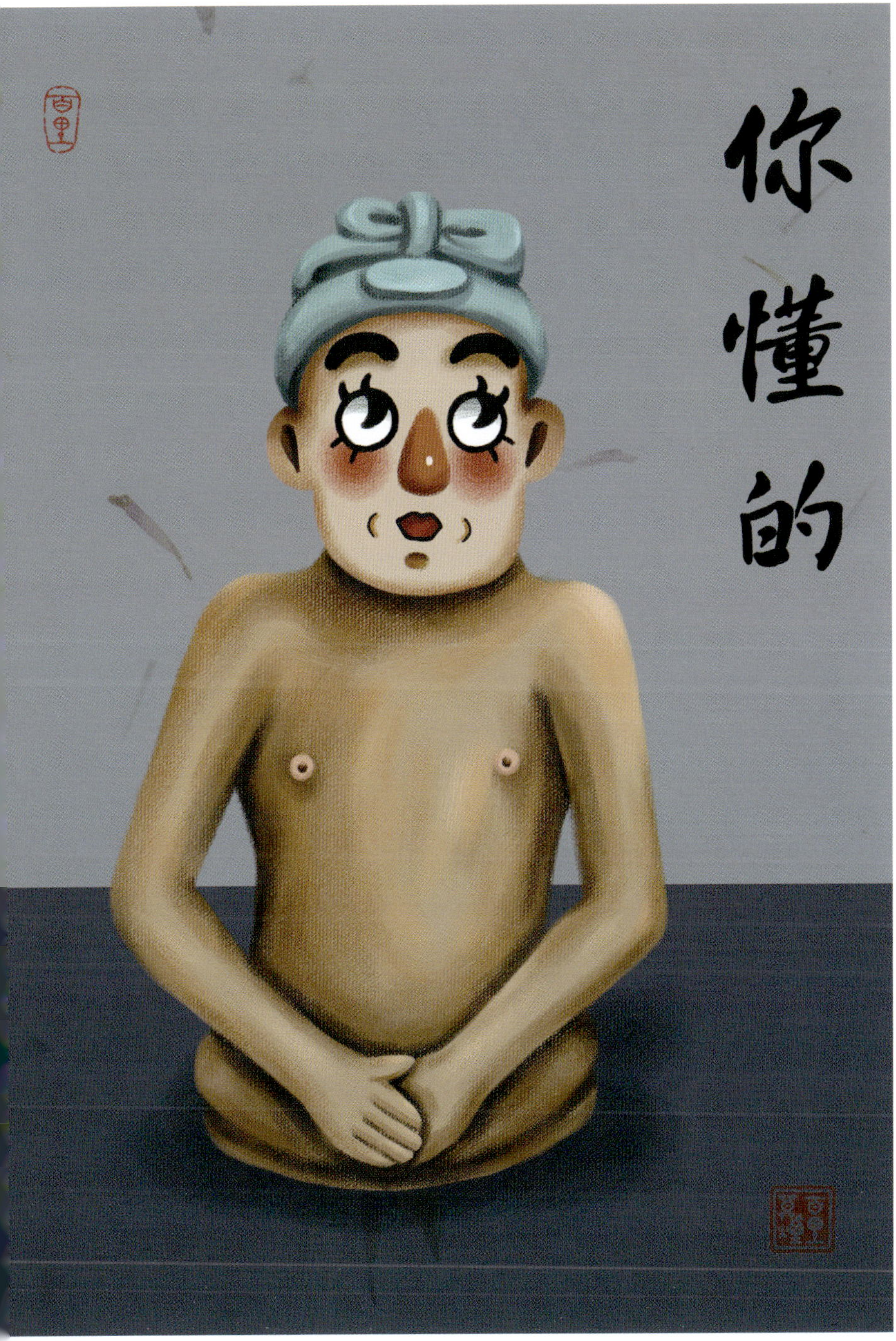
你懂的

新石器

青铜立人像

馆藏地

三星堆博物馆

这是一件高达 2.6 米的大型青铜人像，它来自于距今 5000~3000 年的古蜀文明，是著名的四川广汉三星堆遗址中最具代表性的出土文物。人像头戴高冠，身上衣服纹饰繁复精美，脚戴足镯，赤足站立于方形怪兽座上。人像两手中空，两臂环抱于胸前，像是原本抱着什么东西一样。

这尊巨大的立人雕像究竟象征什么身份呢？他可能是主持祭神仪式的巫师，穿的是巫师的法衣，也可能表现一代蜀王的形象，还可能直接表现神灵本身，总之，他是三星堆古蜀国最具权威性的领袖人物。

千杯

商

亚丑钺（yuè）

馆藏地

山东博物馆

这是一件商代的青铜器，名叫“钺”，它的上面有“亚丑”两字铭文，所以又叫“亚丑钺”。

“钺”是用来做什么的呢？这是一种沉重庞大的兵器，但并不是谁都能够拥有，只有身份地位崇高的王公贵族才能使用它。于是，它便成了权力的象征，重要的场合中，至高无上的王用它震慑臣民，在它上面塑造龇牙咧嘴、像人又像猛兽的形象，让人一看就心生恐惧，不由得对拥有钺的人顶礼膜拜。

所以呀，别看它微笑的脸和圆圆的眼睛显得萌萌的，在当时它可是令人害怕的。

谜之微笑

西周

铜人立像

馆藏地
宝鸡青铜器博物院

这件铜人和后页的铜人都出土于陕西宝鸡的弓鱼（yù）国墓地，是西周时期的产物，距今 3000 年左右。

他们姿势奇特，脸长得很有特点，鼻头隆起，眼睛突出，双手握圆。

弓鱼国是一个怎样的国家，它跟西周是什么关系呢？弓鱼国人很可能来自现在的巴蜀地区，是一个非常勇猛好战的民族。

举铁呀

西周

铜人立像

馆藏地
宝鸡青铜器博物院

他们跟随西周的创始者周武王征战，在打败商王朝的战争中立下了功劳，西周的王为犒赏他们，便允许他们在国都附近，也就是今天的宝鸡一带居住下来。

强国人在此繁衍生息，渐渐地，受到周人制度礼俗影响。后来，因为对周王朝不敬，强国渐渐衰落，消失在了历史的长河中。

动感光波

东周

胡服俑铜器足

馆藏地
河北博物院

这是一件东周春秋时期的俑，发现于河北石家庄的中山王墓之前，应该是盗墓的人遗失的。春秋时期的中山国来自北方，是一个戎狄民族国家，当时，齐桓公的相国管仲就曾讨伐过北方的戎狄。

这个人俑穿的衣服衣襟向左开，头发披散，结着小辫，双腿双脚赤裸着，着装与中原地区不同。他肌肉丰满，充满短小精悍的阳刚之气，应该是一名勇武的中山武士。

妖娆

东周

持剑武士木俑

馆藏地
湖南省博物馆

这是一件战国时期的木俑。

“俑”是什么呢？古人认为人死后会进入另一个世界，为了使过世的人在那个世界仍然享受生前拥有的一切，永远地过好日子，亲人会把所有他可能用到的物品一起埋入墓中。在一些地方，有地位的贵族死后，会强迫他的伴侣、仆役等殉葬，陪着墓主人进入死后世界。

然而，这种活人殉葬的方式太残忍了，渐渐地就改用陶或木制作的人偶陪葬，这就是“俑”。我们现在看到的这个拿着剑的武士俑，应该就是用来保卫墓室的。

是时候展现真正的技术了

秦

跪射俑

馆藏地
秦始皇兵马俑博物馆

这是一尊出土于秦始皇陵兵马俑坑二号坑的跪射俑。

战国末期，秦国出现了一位雄才大略的君主——嬴政，他打败了其他六个诸侯国，统一了全国，自称为“始皇帝”。在他的陵墓附近，有一支用陶土制作的“军队”，这些俑人与真人同等身高，每个俑长得都不一样，他们各司其职，共同组成了一支庞大的军队。

跪射俑就属于其中的射手方阵，他的特别之处在于他是千余尊俑里出土时唯一完好无缺的。俗话说“天塌下来有高个子顶着”，原来，放置兵马俑的坑道塌陷时，高大的站立俑承受了破坏，底盘稳当的跪射俑因此得以免遭冲击，完整地保留下来。

跪了，赞！

汉

铜奔马

馆藏地
甘肃省博物馆

这是一件来自汉代的铜马，它还有一个广为人知的名字——“马踏飞燕”。你看这马四蹄腾空，可见它奔跑速度有多么快，飞燕都被它踏在了蹄下。

那只飞燕不仅表现出了马腾空的姿势，也犹如三角支架，使雕塑能稳稳立住。铜马虽然静止，但让人一看就能想象到它在飞速地奔腾着，耳边仿佛响起了紧凑的马蹄声，真是雕塑者的绝佳创造。

这个造型在 1983 年被确立为中国旅游标志，所以如果你去旅游，有可能会在一些旅游城市和景点看到哦！

干掉学渣
开学啦！
渣！

汉

彩绘指挥俑

馆藏地

咸阳博物院

这是一件汉代初年的特殊的兵马俑，出土自长陵的陪葬墓。

兵马俑，顾名思义，就是行军打仗的俑，说他特殊，是因为他不是一般的小兵。他处于队伍最前面、正中央，比其他俑都要高大，而且伸手上指，意气昂扬，是一位领导作战的指挥官。

长陵是汉朝开国皇帝刘邦与吕后的合葬墓，刘邦的文臣武将也都安葬在长陵的周围，这些墓被称为陪葬墓。这件指挥俑就出土于其中的一个墓葬，墓主人是汉初大将周勃、周亚夫父子，墓中随葬了数以千计的兵马俑，似乎希望两位将军在另一个世界也能战无不胜、攻城略地。

你！

汉

彩绘步兵俑

馆藏地
陕西历史博物馆

这是一件汉代的彩绘兵马俑。

我们之前看过了秦朝时的跪射俑，了解到秦兵马俑都是和真人一样高，每一尊都雕刻细致，而且长得都不一样，制作得非常精细。

虽然汉代初年距离秦朝时间不久，但并没有延续这种兵马俑的制作风格，俑变得只有真人三分之一大小，面部也不再细心雕刻，很多俑人长得非常相似。

这可能是因为经过了连年战乱，汉初时国家不太富裕，没有能力制作那么大规模的俑，也可能秦朝的俑只是“手办狂魔”秦始皇的个人兴趣，毕竟在俑长达 2000 多年的历史上，只有兵马俑是真人等大制作的。

社会我兵哥

汉

乐舞伎俑

馆藏地

南京博物院

这是一件汉代的木俑。

俑有各种材质的，陶制的最常见，也有铁制、铜制的，汉代还有不少木俑。

这件木俑乍一看会觉得它很抽象，没有准确的面容，只能大致地区分躯干和手臂。

这并不是因为长时间的侵蚀损坏了面部，也不是当时的工匠技术不足所以雕不出细节，而是因为这件作品本就只想表现一个身体动作，一个矫健且昂扬的人物形象，如同剪影一样。

即使没有准确的面庞，我们也能感受到它绷紧全身劲力的爆发力，制作者只用寥寥数刀，便把生命力注入其中。

我的爱
苍茫的天涯是

汉

奏乐木俑

馆藏地
湖南省博物馆

这是一件出土于湖南长沙马王堆汉墓的木俑。

南方出土的木俑比较多，这一组五件俑组成了一个小型乐队，鼓瑟吹笙，仿佛正在进行一场音乐会。

他们的身体扁平，头非常大，手又很小，身材不成比例，脸上没什么表情，显得有些严肃，甚至愁苦。

这是汉代早期陶俑的普遍风格，不追求雕刻与真实的相似，工匠们往往不打草稿，胸有成竹，面对材料直接下刀，也不讲究反复修改，这种直接反而使人物有了独特的神韵。

手短琴长

汉

偶人俑

馆藏地

湖南省博物馆

这个偶人俑也出土于马王堆汉墓。

前面提到的奏乐俑与其他绝大多数俑人都位于墓室内，与墓主人离得很近，他们是给墓主人提供各种服务的仆役，比如奏乐俑就是仪式或娱乐用的乐队。

而这件人俑位于墓室外的墓道，身材高大，制作得非常草率，用木块捆扎，外面敷满草泥，双臂张开，像是把守墓道的守护神，应是为了阻挡从外而来的灾厄邪气进入墓室，具有驱鬼、辟邪的作用。

悲伤辣么大

汉

陶绕襟衣舞俑

馆藏地
徐州博物馆

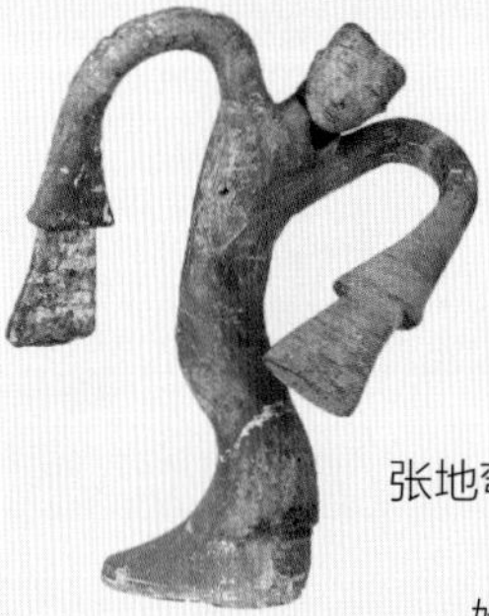

这是一件汉代的舞蹈俑。

这名舞者身体扭成了“S”形，两条胳膊夸张地弯曲着，夸大的袖子随着舞姿飞扬摆动。

她虽然做着如此大幅度的舞蹈动作，但脸上的表情端庄沉稳，显得怡然自得。

这种极尽婀娜、张扬奔放、大开大合的舞蹈是最能体现汉代风貌的，看到这件陶俑就仿佛感受到了那个时代的开放、大胆与朝气。

金拱门

汉

彩绘乐舞杂技俑

馆藏地
济南市博物馆

这件杂技俑与其他陶俑一起组成了一个宴饮的场景。

在这个不到半米宽的陶盘上，塑造了21个人物。中间是表演者，有挥动长袖、相对起舞的女子，有表演杂技和柔术的男子，还有一支吹笙击鼓的乐队；两侧的7个人是贵族，他们袖手而立，在观赏表演；右侧的3人面前有两个大壶，这是因为按照礼仪，贵族宴饮的时候都会放两个大壶用来盛酒。

这一组场景中，多姿多彩、生动活泼的表演场面非常吸引人，反而使有特殊身份的贵族成了陪衬。

困

汉

错金银说唱俑铜镇

馆藏地
河北博物院

这件俑和后页的俑是一对汉代的铜镇，造型是两个说唱表演者。

“镇”是什么呢？汉代人在室内坐卧时，家具不像今天这么高，都是比较低矮的床、榻。有时他们也直接坐在地上，这些就座之处往往会铺上席子，但起身和落座时衣服带动席子，很容易使它卷起。为了防止这种情况，人们就用重物压住席子四角，这个重物就是“镇”。

招财

汉

错金银说唱俑铜镇

馆藏地
河北博物院

汉代专门表演滑稽搞笑剧的说唱演员，被称为“俳（pái）优”，滑稽戏与乐舞、杂技、驯兽、幻术等统称为“百戏”，百戏是皇室贵族和平民百姓都喜爱的表演艺术。

人们将这种形象塑造成俑，比如我们现在看到的这两件，袒胸露乳，面貌奇特，张嘴嬉笑，似乎正在表演滑稽说唱。

进宝

汉

铜跽坐俑

馆藏地

广西壮族自治区博物馆

这是出土于广西西林普驮粮站的一组铜俑，一组 4 件。

“跽坐”就是像这尊俑似的，两膝着地，臀部坐在小腿上，在没有高家具的汉代，古人往往是这样就座的。这些俑身穿宽袖长裙，脚上穿着鞋，是和汉代官吏一样的打扮。

在考古发掘时，有一张棋盘与他们共同出现，这四件俑似乎正围绕棋盘进行“博戏”——汉代中原地区流行的游戏。然而他们的出土地并不在中原，而是在广西西部的崇山峻岭间，据说在汉代，这里是句町（Qúdīng）古国的领地，可见当时句町深受汉文化影响，流行着中原地区的游戏。

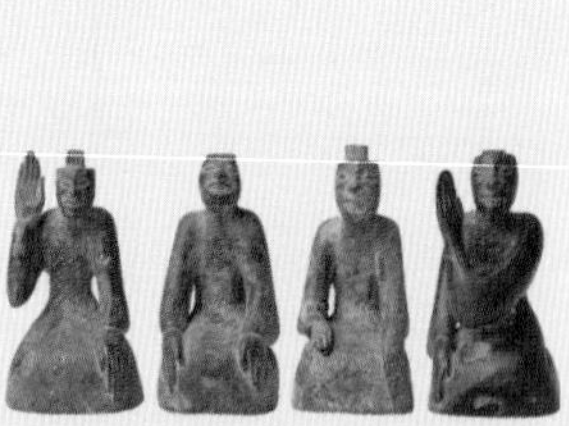

呼～

汉

手捧鸟男侍俑

馆藏地
苏州博物馆

这是一尊汉代的侍从俑，他捧着一只鸟，挎着水壶，面带微笑。

古代的俑很少去表现一个有名有姓的个体，而是借助衣服、工具和随身的东西表现一种职业或一种人群。

这件俑很明显是侍从，这样的角色在汉代的墓葬中负责照顾墓主人的起居。与此同时，汉代负责提供娱乐生活的乐舞俑数量大增，可见那时的人对死后之事的重视。

捧你在手心

汉

陶彩绘女俑

馆藏地
故宫博物院

这是一件富有汉代韵味的女俑。

她的眉毛和眼睛都是用墨画上去的，眉目清秀，头上裹着头巾，这样既能把头发包住，又能保暖御寒。

她穿的衣服是曲裾深衣，汉代最为流行的服装样式，这种衣服缝制容易，穿着方便，既利于活动，又能严密地包裹身体，可以充分地利用布料。所以在汉代，上至王公贵族，下至平民百姓，都喜欢穿曲裾深衣，不仅日常穿它，也在礼仪场合穿着。

淡定

汉

雁鱼铜灯

馆藏地

中国国家博物馆

这是一件古人使用的灯具。

古人没有灯泡，他们通过可燃物获得光亮。在灯盘中放入易燃的蜡或油脂，点燃灯芯，光线就从中间的开口泻出。

这件铜灯不仅造型优美典雅，构造上还有巧思，整个灯体，从鱼身、雁颈到大雁的身体都是中空的。

灯火点燃后，烟雾和废气会沿着通道上升，最后进入大雁下方身体处。在使用之前在雁身里装一点水，还能稀释废气，减少对室内环境的污染，有环保的功效呢！

鱼雁同行，恩义不忘

汉

长信宫灯

馆藏地

河北博物院

这同样也是一件灯具，是一个双手持灯的宫女造型。宫女宽大的衣袖自然垂下，与灯浑然一体。

它的内部构造和雁鱼铜灯一样，燃烧灯油产生的烟尘会进入灯的内部，不会污染空气。

汉代时还没有像现在一样的高家具，人们席地而坐，而这盏长信宫灯有 48 厘米高，灯光从侧面泻出，刚好是人席地而坐时阅读的高度。

这件宫灯出土于大名鼎鼎的河北保定满城汉墓，这里埋葬了西汉时期的中山靖王刘胜和他的夫人窦绾，“长信”是汉初太后居住的宫殿名，出现在了灯身上，这盏灯因此而得名。

灯光师已就位

汉

当户铜灯

馆藏地

河北博物院

这盏灯是一个半跪铜人的形象，上方的灯盘和下面的铜人是分别铸造的，再铆合起来。

之所以被命名为“当户”，是因为灯盘外壁上的铭文中有这两个字。“当户”是匈奴的官名，匈奴是汉代时生活于北方的游牧民族，铜人穿的就是匈奴的服饰。

衣服后部扎起，像长尾巴一样垂在地上，与双腿配合着支撑灯座不倒下，设计者借助这种独特造型保持稳定，构思非常巧妙。

撑住

汉

胡人形铜吊灯

馆藏地
湖南省博物馆

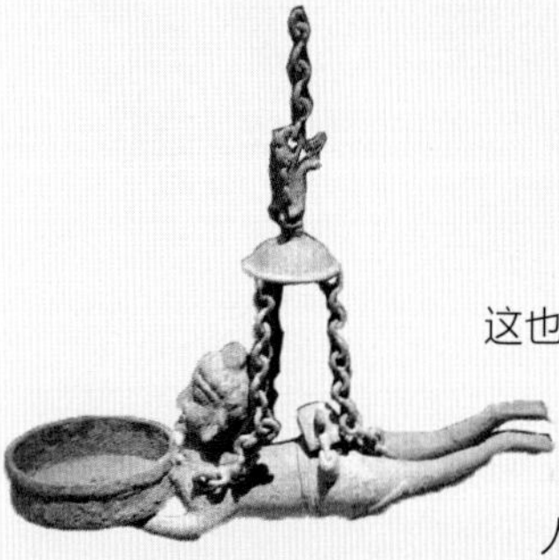

这也是一盏灯，样式非常新巧，很少见。

它的灯盘是由一个匍匐状的铜人托着的，这铜人也是中空的，可以作为储油箱使用。从屁股上的箱门向内添加灯油，灯油会通过灯盘旁的方形小口流到灯盘内，且可以保持一定高度，不会过满溢出灯盘，很有实用性，加一次油可以用很久。

汉代时，随着灯具的使用增多，拥有一件制作精良、造型独特的灯就成了身份地位的象征。

开心到飞起

汉

鎏金双人盘舞扣饰

馆藏地
云南省博物馆

这是一件出土于云南、造型独特的饰品。

这么复杂的造型，使用者应该是当地有名望有地位的人。这两个跳舞的小人穿着同样的衣服，身上佩剑，嘴巴微微张开。两人脚下是一条蛇，咬着右边人的右脚，尾巴被左边的人踩住。这样一来，两个极富动感舞动着的人就被连接起来。

在云南出土的汉代文物中，蛇通常被用在饰品上，可能当时的人认为蛇象征着大地。

溜了

汉

持伞铜俑

馆藏地

云南省博物馆

这也是一个出土于云南地区的铜俑人，他的头发高高束于头顶，腰间还有圆形的扣饰，是汉代当地男性的形象。

人俑的双手握成一个圈，应该是握着伞柄，所以称作“持伞铜俑”，但现在伞已经与人俑分散。这样的持伞俑可能是保护墓葬的守护者。

史书上说，在云贵高原的滇池附近曾经有一个古国，他们被称为“滇人”，他们没有文字，但是青铜工艺非常发达，后来汉武帝占领了这里，将其纳入统治版图。

要饭中

汉

三枝俑灯

馆藏地
云南省博物馆

这也是出土于云南地区的器物，现在的云南是我国少数民族最多的一个省，而在古代，这里也一直聚居着少数民族群体。

这个铜灯的主体是一个穿着汉人服装的男性，他的两臂伸开，双手各举一个灯盘，头上还顶着一个。人俑被塑造得非常精致，眉毛和短胡须都被细致地线刻出来，头上还塑造出了束发的丝带和额前的小发髻。

俑人虽然穿着汉式服装，但跪俑却是少数民族常见的题材，可见当时中原汉族和周边少数民族的交流融合。

照亮你的美

汉

俑座陶灯

馆藏地
广西壮族自治区博物馆

前面我们看了很多铜制的灯具，这一件是陶制的，它出土于广西壮族自治区东南部的贵县（今贵港市）。

这是一个裸身蹲坐的大汉，深目高鼻，脸上刻画有络腮胡，身上也刻画有体毛。这个粗壮的大汉两手放在膝盖上，乖巧地坐着，甚是可爱。

西汉中后期以来，“海上丝绸之路”打开，在南海，东西方经贸频繁，有不少西方人进入岭南地区，不仅有来这里做生意的商人，还有身怀绝技、表演魔术杂技的艺人。广西的汉墓中出现了很多胡人形象的俑，见证了当时海上丝绸之路的繁盛。

头顶冒烟

汉

彩绘石骑马人

馆藏地
中国国家博物馆

这是一件石雕，骑马的人面露微笑，马儿也张口龇牙，似乎在微笑。

骑马人的穿着日常休闲，左手提着一壶酒，右手拎着两条鱼，似乎是家有喜事，坐在马上喜滋滋地笑着。马儿体型健硕，腰长腿粗，大眼长耳，长尾及地，步态轻松，缓缓而行。骑马人侧脸嬉笑，像是开开心心地买了鱼和酒，在回家的路上和人打着招呼。石雕虽然比例失调，看起来拙气十足，但极为传神地表现了一种淳朴的生活气息。

汉代的马俑总是配合着宏大的战阵，表现战马的威武矫健，像这样表现普通生活题材的很少见，可以说很是珍贵。

驾！

汉

跪式陶俑

馆藏地
随州博物馆

这是一尊胡人武士俑。

他身形高大，头上戴着一顶武士帽，手里握着一柄斧子，举到胸前，正怒目注视着前方。俑的背后刻着“此人皆食大仓”六个字。“仓”就是粮库，这类形象在汉代的墓葬中经常出现，希望逝者在另一个世界也有享用不尽的食物。“皆食大仓”表现了当时的人们追求富足生活，希望粮食丰收、粮仓满盈的世俗愿望。

心有成斧

汉

彩绘陶俑

馆藏地
上海博物馆

汉代是我国古代发展延续了400多年的大王朝，前期定都于长安（现在的西安），被称作西汉，后期定都于洛阳，被称为东汉。我们前面所看到的都是西汉的文物，接下来我们要进入东汉时期，来看看发生了什么变化。

西汉初期流行的兵马俑、仪仗俑已经消失不见，而负责照顾墓主人生活的侍俑、守卫墓室平安的护卫武士俑、提供娱乐的乐舞百戏俑和负责家庭劳作的操作俑都越来越多地出现，可见人们的关注点发生了变化，越来越注重日常生活。另外，人俑的面庞越来越立体，神态也变得丰富起来，姿态变得动感。

预备

汉

观赏俑

馆藏地

四川博物院

这是东汉时期的一件观赏俑，出土于四川地区。

西汉时期，四川地区出产的俑非常少，而到了东汉，尤其是中晚期，这个地区陶俑的数量和种类都骤然增加，还出现了很多独特的造型，俑的风貌和西汉时期及其他地区的都不同。

比如这一件俑，他不像中原地区的那样正襟危坐，而是东倒西歪、衣衫不整，像酒宴上喝醉的人。他可能是墓主人或宾客，身份地位较高。下面我们将连续看到东汉时期四川地区的俑，一起来感受它们独特的魅力吧！

碰瓷

汉

击鼓说唱俑

馆藏地
中国国家博物馆

这是一件汉代的说唱俑，出土于四川。他开怀欢笑，正在手舞足蹈地表演着。

在汉代，说唱、杂技、魔术这一类表演被统称为“百戏”，非常受欢迎，这类表演者的形象也常常出现在墓葬中。

这件陶俑姿态夸张，神情活灵活现，可谓是汉代说唱俑中的“明星”，甚至被誉为“汉代第一俑”，看着他，你能不能想象出其表演时的精彩画面呢?

药药，切克闹

汉

抚琴石俑

这是一件石制的俑，正在弹奏乐器，同样出土于四川地区。

这种表现弹琴的俑是四川地区的特产，其他地区很少见。这位演奏者身体微微向后仰着，两只袖子飞扬起来，似乎正弹得兴起，全身都舞动起来了。他放在腿上的乐器有可能是瑟、琴、筝，这种抚琴俑总是与吹笛俑、击鼓俑、舞蹈俑同时出现，表现一场载歌载舞的集体表演。

沧海一声笑

汉

胡人吹笛俑

馆藏地
南京博物院

这是一件汉代的吹笛俑，也出土于川渝地区。

历史上记载，东汉时期的灵帝喜欢当时的北方少数民族文化，包括他们的服饰、乐器和舞蹈，引得首都贵族都效仿。观赏胡人乐舞，也就是北方少数民族的歌舞表演成了一种时髦的风尚。

汉代的笛子是竖着吹的，不同于现在的笛子是横着吹。这种乐器在东汉时期的川渝地区非常流行，于是这种吹笛的造型也进入了墓葬中，它们与其他歌舞俑一同构成了宏大的表演场面，为墓主人吹奏婉转动听的乐曲。

宝宝不困

汉

抚耳俑

馆藏地
四川博物院

这是一件抚耳俑，她头戴簪花，面露微笑，左手上举于耳畔，神情很是陶醉，小姐姐正在做什么呢？

这也是川渝地区独有的一种墓俑，总是与演奏俑和舞蹈俑一起出现，所以推测其也是表演团队中的一员，是歌唱俑，也就是乐队的“主唱”。

做出单手上举的动作，应当是为了更好地控制音色和音准。除此之外，歌唱俑不像演奏俑手拿乐器，也不像舞蹈俑做出优美的舞姿，制作陶俑的工匠为了表现出歌唱者的独特身份，选择了这种特殊的动作来指示人物身份。

啊~我听不到
百里
百里敦煌

汉

陶舞俑

馆藏地
四川博物院

这是一件东汉时期的舞蹈俑。

还记得之前看过的西汉的舞蹈俑吗?她们长袖飘飘，身体弯成“M”形，脸上表情端庄严谨，正在表演宫廷雅舞。而这里看到的东汉舞蹈俑就不同了，她们的舞姿自由随意，表情轻松诙谐，表演的是民间杂舞，仿佛正在一场家庭宴会上自娱自乐，载歌载舞。

四川地区的俑往往是这样，表现出一派乐观自由、诙谐潇洒的气质，让人一看就能感受到愉悦开心的氛围。

好嗨哟

汉

吐舌执蛇镇墓俑

馆藏地

四川博物院

这是一件造型奇特的镇墓俑。

镇墓俑，顾名思义，就是镇守墓室的，怪异奇特的外形就是用来抵御外来灾邪，保证墓主人的安宁的。

这件俑好似小怪兽，一双招风耳，吐着舌头，一手抓着蛇，一手拿着斧子，旨在起到震慑作用。

略略略~

汉

持箕陶俑

馆藏地
中国国家博物馆

这件俑表现的是一位拿着劳作工具的婢女。

东汉时期，出现了很多大型的庄园，大量的婢女被贵族富裕家庭雇佣，她们虽然是家里的下人，却衣着光鲜，生活体面，体态丰满。

比如这位小姐姐，她手里拿着箕和扫帚，明显正在工作，但仍要头戴簪花，打扮得美美的，脸上笑容洋溢。四川地区的陶俑便总是这样，充盈着一种发自内心的喜悦和欢乐，让人感到一种生机勃勃、健康向上的力量。

家务全包

汉

陶狗俑

馆藏地
四川博物院

这是一件动物俑，是一只看家狗的形象。

早期出现在墓葬中的动物俑，大多数是用于作战的战马，或是驾车的牛或马。而东汉时期的四川、重庆地区，没有发生过大规模的战争，社会和平安定，人们把重心转向日常生活，这时候的墓葬中出现的动物俑更多的是家畜动物。

跟现代人一样，汉代人养狗主要是为了让它们看家护院，帮助主人放牧狩猎，也作为宠物饲养。

単身求撩

三国

提鱼俑

馆藏地
中国国家博物馆

东汉王朝灭亡以后，天下进入混乱的战争局面，最终魏、蜀、吴三国各占据一片领土，成为这一时期最主要的政权，历史进入“三国时期”。这就是三国时期蜀国的一件俑。他身穿及地长袍，手中提着两条小鱼，明显是烹饪之前去采购的样子。

在我国，吃鱼的风俗由来已久，而西南地区的民众喜欢当地特产“丙穴嘉鱼”“黄鱼”“鲤鱼”和用来造酱料的“武阳小鱼”。出土这件俑的墓葬主人可能是很喜欢吃鱼，希望在死后也能享受鱼肉的美味。

做一条有梦想的咸鱼

三国

乐舞陶俑

馆藏地
中国国家博物馆

这件俑和后页的俑都是三国时期蜀国的乐舞俑。

东汉末年分三国，战乱不断，老百姓的生产生活都受到了很大影响，陶俑制作也走向衰落。在东汉陶俑集中出现的四川地区，随葬陶俑的墓葬也越来越少。然而在四川忠县涂井的一座墓葬中，偶然发现了丰富的随葬陶俑，我们看到的这两件就出土于那里。

你是我天边最美的云彩

三国

乐舞陶俑

馆藏地
中国国家博物馆

这两件俑一个舞蹈，一个弹琴，在她们的眉毛中间都有一种特别的圆突，这种形象来源于佛教，是佛祖特殊面相的一种，称为“白毫相”。

东汉时期，佛教从天竺（今印度）传播到我国，当时的人们对这种外来宗教不是很了解，就把它看作神仙道术的一种，也把佛的某种特点加在富有生活气息的乐舞俑上，或许是想借助神仙之力得道升仙。

睡吧
Z
Z
z

三国

青瓷庖厨俑

馆藏地
湖南省博物馆

这件俑出土于三国时期的东吴，是一个庖厨俑，也就是做饭的厨师，他正在宰杀面前的一条鱼。

我们之前看过了各种材质的俑，铜的，木质的，石头的，最多的是陶制的，然而这一件却是瓷器。瓷器使用的土质与陶制品不同，而且会在器物表面涂一层釉，让器物看起来更加晶莹透亮。

东吴时期，湖南地区就开始大量制作瓷器，出现了湘阴窑、长沙窑、衡州窑等重要瓷器产地，湖南的墓葬中瓷器占了所有随葬品的八成，可见瓷器在当时的日常生活中被广泛使用。

大吉大利，今晚吃鱼
十八年后……

西晋

瓷男俑

馆藏地

中国国家博物馆

魏、蜀、吴三个国家分立，互相攻击的情况持续了几十年，最终统一天下的是掌握魏国实权并改国号为“晋”的司马氏。所以我们也跟随历史的车轮来到了晋代，这件俑和后页的俑就是出土于南京地区的晋代墓葬，是瓷制的俑。在晋代之前的南京地区，甚至说整个长江中下游地区，俑都很少见，到了晋代，才出现了少量的俑。

吓死宝宝了

西晋

瓷女俑

馆藏地
中国国家博物馆

上一页的男俑形象应该是墓主人，他是一位地方官，这件女俑应该是家仆。这两件俑身材短小，表情有些僵硬，身体直上直下，没什么线条，可见当时这个地区俑的制作还不是很成熟。

端庄

西晋

青瓷女俑

馆藏地

南京博物院

这是一件晋代的青瓷女俑，她的头发向后梳成小髻，戴着耳环，穿着对襟宽袖的及地长裙，双手交叉，腰上有系成蝴蝶结的带子。这件俑的穿着是西晋时期的流行款式，衣服宽大，松松地系着衣带，发型也很简单，只是向后一梳。

西晋时期，浙江的绍兴、上虞、余姚、萧山这些地方有着发达的制瓷业，这件青瓷可能也来自这些地方。由于瓷质的俑很少被发现，我们可以推测出土了这件俑的墓葬可能属于一个身份地位很高的人。

宝宝怕怕

西晋

歌唱俑

馆藏地
中国国家博物馆

这是一件西晋时期的歌唱俑。

晋代前期定都洛阳，称为“西晋”，后期定都建康（今南京），称为“东晋”。在西晋之前的三国魏时期，魏文帝就下令改革汉代的厚葬制度，推行薄葬，也就是简单办丧事，不再允许墓葬中放入大量随葬品。自此陶俑制作便衰落了，又因为三国时期连年战乱，到了西晋时，陶俑随葬虽然有些复苏，但制作上肯定不如汉代丰富多变、生动传神了。

忐忑

西晋

辟邪铜灯

馆藏地
湖南省博物馆

这是西晋时期的一盏铜灯。

所谓辟邪，是一种人们想象的神兽，它生有一对翅膀，形象可能来源于古代传说中的天禄、穷奇、飞廉等神物，也可能取材于西方来的动物，比如狮子。这种神兽在魏晋南北朝时期大量地出现，这一件的造型更像是老虎。

饿了么

东晋十六国

人物俑

馆藏地

南京博物院

这件陶俑是东晋时期的，它之所以是现在这样，没有手，与其制作方法有关。

当时流行的制作方法是陶俑的身体大部分用陶土烧成，只留下双手末端两个洞洞。工匠再用木头雕成两只手，放进两个洞里去。木质的手上还有道具，可能是兵器，也可能是日用品。

经历千年沧桑，木手和手中的道具早已朽烂，只剩下俑身主体，给人一种“剁手”俑的错觉。

再买就剁手

东晋十六国

陶镇墓俑

馆藏地
四川博物院

虽然西晋的掌权者控制了中原的大部分领土，但到了东晋时期，国土萎缩，只剩下江南地区。在北方和其他地区，先后出现了 23 个小国家，绝大多数都是少数民族政权，其中有 16 个比较重要的，史称“十六国”。

这件俑所出土于的成汉就是其中一个。成汉是少数民族李氏建立的，以成都为国都，存在了 40 多年。这种长得像外星人的俑就只在成汉时期出现过，这可能跟这个民族的信仰有关。这种俑被放置在墓道中，守护墓主人的安宁。

感觉自己萌萌哒

东晋十六国

弹琴俑、歌唱俑

馆藏地

中国国家博物馆

十六国时期，匈奴、鲜卑等北方民族进入中原，连年战乱。因为民族的杂糅、政权的更迭，墓葬的形制也没有什么规范，所以陶俑出现得不多。我们看到的这一组就出土于陕西地区，这些乐俑梳着当时最流行的十字髻。

这种左右对称的大发环需要很大的发量，即使是不为掉发所困扰的古人，仅用自己的头发也很难梳成。于是古人使用了假发，然而假发也是用真人的头发制作的，非常昂贵，买不起假发的女子会抱怨自己“无头”，而出席重大场合时还要找别人“借头”，可见这种造型在当时多么流行。

回家吃饭啦

南朝

砖座舞蹈人物青铜俑

馆藏地
湖南省
博物馆

东晋十六国之后，历史进入了南北朝时期，南方连续出现宋、齐、梁、陈四个朝代，北方被鲜卑族政权北魏统一，南北对峙的局面持续了 160 多年，所以被统称为南北朝。我们首先来看几件南朝的俑。

这件细长的铜俑出土于湖南，他穿着上衣下裈，小袖短装，明显是胡服，也就是北方少数民族的穿着。魏晋之后，北方的少数民族占据中原地区，很多北方人南下，带来了他们的穿着习惯，到了南北朝时，胡人与汉人的交往更加密切起来，所以身处内地的湖南也开始流行起胡服。

羞羞的铁拳

南朝

武士俑

馆藏地
南京博物院

这是来自南朝的一件武士俑。

他戴着头盔，穿着当时流行的交领袍，一手握着盾，推测另一只手本应握着矛，但武器已经没有了。不过我们仍然能从他拿着盾牌的动作中得知他的身份。这位武士深目高鼻，长得像北方少数民族，这是因为在当时的南朝，雇佣北方人做自己的护卫极为流行，是一种彰显身份的行为。

苍天啊

南朝

人骑兽形铜灯

馆藏地
南京博物院

这也是一件辟邪铜灯，与前面西晋时期的辟邪相比，这只神兽样子有些不同。这是因为辟邪是想象中的神物，并没有固定的形象，所以造型比较多变。南朝时期，辟邪形象更为普遍，在帝王贵族的陵墓前往往伫立着巨大的辟邪石雕，用来震慑灾邪，保护墓室。

这件铜灯不像之前的灯具一样，有一个像碗或盘似的容器来盛灯油，只在这长脸人物头顶帽子中有一个插孔。这是因为此时的燃料发生了变化，东汉时期出现了蜡，晋代以后蜡与烛融合，变成接近现在蜡烛的样子，燃料不再像之前是流动的液体了，也就不需要储存油膏的空间了。

皮皮怪我们走

北朝

镇墓武士俑

馆藏地

盛乐博物馆

接下来我们将视线转向北朝。

这是一件来自内蒙古盛乐的武士俑。统一北方的拓跋氏鲜卑政权，他们最早的统治中心就在内蒙古盛乐地区，在全面占领中原之前，那里就是鲜卑的都城。

这种镇墓武士俑在墓中总是成对出现，起到镇墓辟邪的作用，保护墓主人不受侵扰。它们比一般的武士俑要高大，制作也更为精细，头、身、手是分别制作的，再插装组合而成。这件俑头、手很大，身材比例失常，可能是技术不成熟造成的。

起来

北朝

彩绘舞乐陶俑

馆藏地
内蒙古
博物院

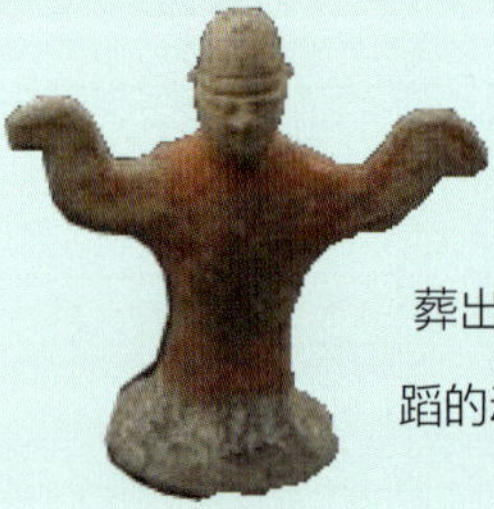

这一组俑与刚才看过的武士俑是同一墓葬出现的，8 件俑头戴风帽，做出吹拉弹奏和舞蹈的动作，正在上演富有民族特色的歌舞。

盛乐地区在拓跋鲜卑早期时作为都城长达 140 多年，然而只有这一座墓里出土了陶俑，这是因为鲜卑族没有制作和陪葬陶俑的习俗。随着鲜卑人逐渐深入中原，受到汉人习俗的影响，也开始制作陶俑，而出土陶俑的这座墓葬恰是盛乐北魏墓中时代较晚的。

嗨起来

北朝

舞俑

馆藏地

山西博物院

这是一件来自北魏时期的俑。

拓跋鲜卑统一了北方后，将平城，也就是现在的山西大同作为自己的都城，建立了北魏王朝。在北魏孝文帝拓跋宏迁都洛阳之前，平城作为都城持续了约一个世纪，也有人把这一时期称为“平城时代”。

这一时期，民族杂糅，来自北方的鲜卑族虽然受到汉族和其他民族影响，却仍保持着自己的着装和习俗，比如我们现在看到的这件舞蹈俑，头戴风帽，脖子上戴着一串璎珞。这种帽子方中带圆，顶部微微下凹，就是典型的鲜卑族穿着。

爱的魔力转圈圈

北朝

杂技俑

馆藏地

山西博物院

这组彩绘陶俑展现了一场杂技表演。正中一人进行着一种叫“缘橦(tóng)”的表演，深目高鼻的胡人，正抬着头，额头中间顶着一根木棍，两个小孩子在木棍上做惊险表演；其余六人围着表演者，聚精会神地观赏，还鼓掌喝彩。

中国杂技源远流长，西汉时期开始兴盛，大量吸收外来表演形式，节目更丰富，技巧更高超，成为当时社会的重要娱乐项目。北朝时期中亚和南亚的艺术家大量进入中国，使杂技表演更加流行。

一拍两散

北朝

执盆俑

馆藏地
大同市博物馆

这是一件出土于北魏平城时期的带釉俑。这一时期的俑很少有带釉的，而这一件俑上有黄绿色的釉，采用了南方的技术。这件俑不同于前面看到的几件，他不戴风帽，穿的是交领长襦，看起来是个汉人形象。

在平城时期的墓葬中，虽然鲜卑人的形象居多，但汉人和胡人的造型也不少，这说明那时连年战乱，人们为躲避战争不断迁往他乡，民族之间出现杂糅融合。

快到我碗里来
百里
百里煲煌

北朝

武士俑

馆藏地

大同市博物馆

这也是一件平城时代的陶俑，出土于山西大同。这时期的武士俑基本不表现上阵打仗的士兵，而是表现随身的武士。他们既保护主人安全，也作为出行时的仪仗，烘托主人的威仪。

大同地区发现的墓葬虽多，但有俑的却不多，而这些墓的墓主人绝大多数也不是鲜卑人，而是汉人。可见在这一时期，随葬墓俑这样的习俗还没有被鲜卑人接受，平城时代的北魏对于汉人文化还是有一些抵触的。

一脸绝望

北朝

彩绘双丫鬟陶女俑

馆藏地
中国国家博物馆

平城时代持续了一个世纪左右，北魏迁都至洛阳，又过了几十年，政权混乱，北魏分裂成了东魏和西魏。这件女俑就是来自这一时期。

北朝的女性，家庭地位较高，在社会上也比较活跃，比起之前汉代和魏晋时期女俑内敛、谦恭的气质，北朝的女俑显得格外自由奔放，富有个性。

比如这件女俑，当时流行女性穿男装，她也穿着男装，并且梳着当时流行的“双丫髻”，“丫头”“丫鬟”这些称呼就来源于这个发型，指代未出嫁的女孩或婢女。

米奇的微笑

北朝

彩绘武士俑

馆藏地
陕西历史博物馆

这是西魏时期的一件武士俑。

西魏以长安（今西安）为都城，持续了21年。这件俑面目狰狞，耸着肩，鼓着肚子，肌肉壮实遒劲，虽然是做着扭腰弯腿的动作，却也让人感到一种威猛的气魄。

北魏在迁都洛阳后，大力推行汉化，接受了很多南方的艺术风格和制作技艺，习俗也向汉人靠拢。北魏灭亡，到了西魏时期，掌权者想要摆脱旧的汉化影响，就出现了这种凸显鲜卑特色的作品。

扭一扭

北朝

辫发骑俑

馆藏地
山西博物院

西魏和东魏是从北魏分裂而来，都只持续了很短的时间，就分别被北周和北齐所取代。其中北齐国力强盛，定都在河北邺城，同时山西晋阳成为陪都，其重要性甚至超过邺城。因此，山西也发现了不少北齐贵族的墓地。

比如我们现在看到的这一件骑马俑，就来自北齐时期的山西地区。这里的居民以打仗为业，基本都是胡人或胡化的汉人。这件俑将头发结为辫发，就是一种鲜卑族的习俗，本在孝文帝改革中被废除了，但在此时又重新流行了起来。

假装出门

北朝

胡人舞俑

馆藏地
山西博物院

这是一件北齐时期的胡人舞俑。

这位老者，身穿红色胡服，笑容满面，两袖挥舞，正在尽情歌舞。

在墓室内，这件俑位于墓主人棺椁的正前方，恰好位于墓室的中轴线上，被其他俑簇拥着，而且制作精良，比其他俑动作更加夸张、神态更加生动，显然是有特殊身份的。他可能是引导丧葬队伍的巫师；也可能是乐舞表演中的领舞，扮演来自西域的仙人，正在为主人祝寿。

笑死人了

北朝

役夫俑

馆藏地

山西博物院

这是一件出土于山西的北齐陶俑。

出土这件俑的墓葬属于一位叫娄睿的北齐鲜卑贵族，他位高权重、权倾朝野。这座墓中的陶俑造型浑圆，有着明显的鲜卑族特征。

北魏灭亡后，少数民族的统治者对于汉化的习俗和文化很是排斥，所以恢复鲜卑的姓氏、服装和语言，这种行为也体现在陶俑的制作上。身材丰满魁梧、表情强悍凶狠成为这一时期陶俑制作的潮流。

为你打
Call

隋

骑马女陶俑

馆藏地
中国国家博物馆

这是一件隋代的骑马女陶俑。

自两晋十六国以来至南北朝，中原大地持续着动乱与分裂，直到隋文帝时统一全国才停止纷争。自北朝以来，女性在家庭中越发重要，地位逐渐上升，女性骑马的形象开始出现，且在隋唐时期风靡一时。

隋唐之前的骑马人俑多为男性，有将军、武士、文吏、伎乐、狩猎等形象；隋唐之后，女性骑马形象又不见了，这是因为宋代以来社会思想使女性受到种种约束，裹小脚蔚然成风，女性以拥有三寸金莲为最美，女子平日大门不迈，二门不出，根本无法驾驭马驹。反倒是隋唐时期骑于马上的女子，独见一种飒爽风流。

笑马踏春风

唐

持杖老人陶俑

馆藏地
湖南省博物馆

持续了 160 年的南北朝，最终被隋朝取代，全国统一，短暂的隋朝之后迎来了强大开放的唐代。接下来让我们通过陶俑感受下大唐雄风吧！

这是一件唐代初期的陶俑。

唐代风气雄健，崇尚丰满，然而社会审美并不是从一开始就是这样。比如我们现在看到的这一件，俑身上下均匀，也没有色彩。不过，我们看到俑的宽大衣袖是自然垂下的，此俑还穿着一条收口条纹裤，显得生机勃勃，甚至很是新潮时尚呢！

尴尬了

唐

唐三彩梳妆女俑

馆藏地

陕西历史博物馆

这是一个正在梳妆的女俑。

她左手举在面前，右手伸指正要妆点额头，我们从她的动作推测，她左手应该还拿着一面镜子，正在对镜梳妆，面露微笑，显得自信从容。

她梳着半翻髻，身穿小袖齐腰襦裙，外穿绣花半臂，我们看到她的裙褶处还装饰着柿蒂花，这些都是初唐流行的打扮。

上身穿的这种短袖上衣受到古代西域国家龟兹的影响，这种穿着搭配一直流行了 100 多年，后来女性的服装越来越肥大，这种式样就不再流行了。

你就是个笑话

唐

彩绘仕女俑

馆藏地
陕西历史博物馆

这是一尊唐代的仕女俑。

你们看，她的表情非常生动鲜活，微微仰着头，并不看向前方；她的身材丰满，正是唐代流行的审美。

唐代社会风气开放，女性也参与骑马、狩猎、打球和郊游等活动，社会地位大大提升。女性的衣着、发式和妆容也受到各种外来文化的影响，多姿多彩，大胆奔放。这件女俑梳着双垂髻，头发绾成两个小球垂在耳边，唐代的年轻女子大多是这种装扮。

红包拿来

唐

彩绘陶仕女俑

馆藏地

震旦博物馆

这是一件盛唐时期的女俑，你看她那丰腴的身形，微侧的体态，上扬的面庞，无不鲜活地传达着盛唐时期女性的自信从容。

她梳着盛唐式高髻，两鬓的头发紧贴着面部，面庞丰腴，眼眉修长，口鼻小巧；她的衣服极为宽大飘逸，脖颈和一小片胸脯都袒露出来。

盛唐时流行这种宽松轻薄的袒露装，可见这一时期相对开放、自由的社会环境，使女性敢于大胆追求服饰的自然之美。

斗斗虫

唐

彩绘泥塑跪坐俑

馆藏地

新疆维吾尔自治区博物馆

这是一件出土于新疆地区的女俑。

大家有没有被她脸上的“腮红”吸引呢？原来，与现代女性一样，古代女性出门或有重大场合时也都要化妆，让自己变得美美的。

古人化妆也是很烦琐的，大致有七步：一敷铅粉，二抹胭脂，三画黛眉，四贴额黄（或花钿），五点面靥，六描斜红，七涂唇脂，精致程度不输现代女性。

这件女俑的眉心贴的便是花钿，也就是剪好的花样。

装，继续装

唐

哭泣陶俑

馆藏地

中国国家博物馆

这是一件表现哀伤情绪的女俑。

只见她弯着身子，正在抱膝哭泣，面容哀伤，似乎是在哀悼墓主人。

这种表现哀悼的俑汉代就出现过，不过那时是用前仰后合的夸张动作来表现，唐代则像这件俑一样，表现得更加内敛、含蓄。

从这种变化我们发现，古代的陶俑制作越来越精细化，不仅能传达出人物的身份和姿态，还能表现人的情绪和状态。

晚安
Zzzz~

唐

陶乐俑

馆藏地

南京博物院

这件俑和后页的俑是两尊初唐时期的奏乐俑，她们一人击鼓，一人吹奏排箫，展现了一种演奏场景。

她们都梳着初唐时流行的发型，击鼓者是螺髻，吹箫者是半翻髻。

这两件俑看起来头有些大，既有北方的刚健凝重感，又有南方的清秀柔媚感，这是因为唐代时全国统一，南北方文化得以交流融合，所以陶俑制作也糅合了南北方的特点。

厉害了我的国

唐

陶乐俑

馆藏地
南京博物院

唐代早期，国家刚结束战乱，百废待兴，经济状况的局限使得有陶俑的墓葬并不多。

随着社会的繁荣，人们对于墓葬的投入越来越大，往往超过政府规定的限制，随葬品也越发丰富起来。

穷到吃土

唐

彩绘双环望仙髻女舞俑

馆藏地
陕西历史博物馆

看这件女俑多美啊，她梳着高耸复杂的发髻，穿着绚丽的服装，让人不由得猜想她是当时的一位舞蹈家，正准备表演她的代表作。

她头上梳的这种发髻叫作双环望仙髻，是唐代著名发型。这种发髻非常高，需要约 6 小时才能做出这样的造型。如果没有足够的时间，或者自己的头发不够多，就要事先做好一个假发髻，需要的时候再戴到头上。这种戴假发、用假髻的行为在唐代可算得上是一种时尚了。

完美

唐

舞女俑

馆藏地
南京博物院

这是一件唐代的舞蹈俑，表现了舞者翩翩起舞时的一个瞬间。

唐代的舞蹈继承了之前的传统舞蹈，又融汇了少数民族和外国乐舞的成分，比如当时流行的“胡腾舞”和“胡旋舞”就来自西域。

唐代有不少诗人写过有关舞蹈的诗句，比如白居易的“飘然转旋回雪轻，嫣然纵送游龙惊”。

唐代的舞蹈分为豪爽刚健的“健舞”和轻柔缓慢的“软舞”，这件俑体态柔软，两臂温柔舒展，应当正在表演软舞。

海草舞

唐

持物女俑

馆藏地
南京博物院

这一对俑表现的是唐代宫中女官的形象。

宫中女官形象的陶俑，北朝时就已经出现了，唐代社会风气开放，女人为官已不是什么新鲜事了。

这两件女俑头上所戴的冠帽来源于男性武官的穿着，身上穿的宽袖长袍，也与唐代官吏服饰基本相同。男女“工作服”的一致，说明当时女性地位提高，在唐代宫廷中担任重要的职位，而且任用女性为官吏已经有了成熟完备的制度，服装有了定制。

嘿！
啪

唐

彩绘打马球俑

馆藏地

陕西历史博物馆

这件俑表现的是一位在打马球的女骑手。

打马球是一种组队竞技的运动，运动员需骑在马上，挥动手中长杆，将球击入对方球门中。这项运动源自波斯，经西域地区传入我国，唐初时率先在军队中流行起来。

唐代的宫廷贵族非常喜爱这项竞争激烈、紧张刺激的运动，当时的女性也钟爱马球比赛。她们身穿紧身胡服，驰骋赛场，挥杖击球，英姿勃发，可见唐代风气的开放，女性可以自如地参与社会活动，同男性一起上场竞技。

不服来战
要优雅

唐

彩绘陶缩脖俑

馆藏地

陕西历史博物馆

这是唐代的一件彩绘陶俑，他耸肩站立着，两手拢在袖子里，头歪向一侧，面部表情非常生动，五官挤在一起，成“囧”字脸，显得非常委屈，甚至整个身体都看起来颓丧泄气。

唐代的俑已不满足于仅仅表现人物身份，而是制作越来越精细，能准确传达出人物的情绪与精神气质，由此才出现了众多表情丰富、活灵活现的人俑。

宝宝心里苦

唐

彩绘骑马武士俑

馆藏地
新疆维吾尔自治区博物馆

这是一件出土于新疆的骑马武士俑。

战马帮助唐王朝建立了国家，所以唐代非常重视马匹的饲养和训练。

中国早期，上层社会出行讲究乘车而不是骑马，在一些重要场合，骑马甚至被认为是不雅的举动。然而到了唐宋时期，骑马却成为一种时尚，上至皇亲贵戚，下至平民百姓，都以骑马为荣，出席隆重的场合也要骑马。

大护法

唐

胡人牵驼俑

馆藏地
南京博物院

这是一件胡人俑，从动作推测，他正在紧握手中的缰绳，牵着身后的一匹骆驼。

“胡”是北方少数民族的统称，在唐代，更多地用来指代粟特人。他们原本是居住在中亚地区的半农半商民族，最初为了经商来到中原地区，为唐王朝的富庶所吸引，不愿意回到故乡，就长久地居住了下来，成为唐朝的移民。

有一句形容粟特人的诗，说他们“十岁骑羊逐沙鼠”，非常善于畜牧，所以很多粟特人被贵族富人雇佣，牵驼驭马，就像我们看到的这件俑一样。

跟我一起学猫叫

唐

彩绘胡人文吏俑

馆藏地
陕西历史博物馆

这是一尊胡人文吏俑。

粟特人入籍大唐后，很多人逐渐摒弃了本民族的习俗，一些有知识的人还努力接受汉文化，甚至参加科举，考取进士，做了朝廷的官员。这一件俑穿着的圆领袍服和头戴的幞（fú）头就是唐朝官员的日常穿着。

胡人俑可以说是唐代墓葬中的特产了，虽然总体上数量不多，却能反映出开放、包容、富庶的唐朝对外国人的吸引力。

帅到哭泣

唐

唐三彩武士立俑

馆藏地
南京博物院

这是一件唐三彩陶俑。

三彩技术是唐代时发明出来的，它丰富了陶器的颜色，陶器变得绚烂多彩。“三彩”并不只有三个颜色，主要有赭（zhě，红褐色）、绿、黄，还有蓝、白、黑等颜色。

这种技术使用以金属铅为原料的釉彩，在烧制加热时，这种流动性非常强的釉彩就可以在器物上向四方流动，不同颜色在流动中形成了独特的纹理，所以唐三彩上面的颜色并不是一开始就确定好的，而是烧制后自然形成的，用这种技术烧制的器物，没有任何两件的色彩会是重复的。

千巴爹

唐

牵驼胡人俑

馆藏地
湖南省博物馆

这是一组出土于湖南的牵驼胡人俑。

骆驼驮着货物，温顺可爱，它的头向后扭着，脖子上的褶皱都清晰可见；前面的胡人似乎因为天气炎热，脱了半边的衣服，正在用力地拽着骆驼前进，他饱经风霜的脸上满是皱纹。

唐代，从中原往返西域各国的丝绸之路商贸繁华，骆驼正是驮运货物的重要运输工具，商人也骑乘骆驼往来各地。

吃我一拳

唐

招手胡人俑

馆藏地
湖南省博物馆

这是一件出土于湖南的胡人俑。

只见他的胡子修剪成整齐的圆形，笑呵呵的，正在招手冲人打招呼，非常可爱。

我们在前面已经看过了三国时期湖南的瓷俑，可见湖南的陶瓷制作由来已久。发展到唐代，这里的产品虽然不如其他地区的名气大，但始终占据行业内的一席之地。而且自唐中期发生安史之乱后，由于北方受到战乱影响，南方却相对稳定，身处南方的湖南陶瓷业异军突起，此地的瓷器还通过海上丝绸之路，销往阿拉伯和印度等地区。

早上好

唐

岳州窑架鹰胡人俑

馆藏地

湖南省博物馆

这也是一件出土于湖南地区的胡人俑，俑的右臂上架着一只鹰。

唐代人驯养鹰一般是为了在狩猎中帮助捕获猎物，当时的人们会雇佣胡人训练猎鹰。在北方，这种架鹰狩猎的活动很常见。随着人口迁徙，北方人和胡人把这种狩猎方式带到了南方。

湖南地区的胡人俑总是身穿唐人的圆领袍，并不像北方似的戴高尖帽、穿翻领胡服，可能是因为这里的胡人汉化得更加彻底，已经不常穿本民族的服饰了。

沙雕了

唐

加彩胡人俑

馆藏地
庆城县博物馆

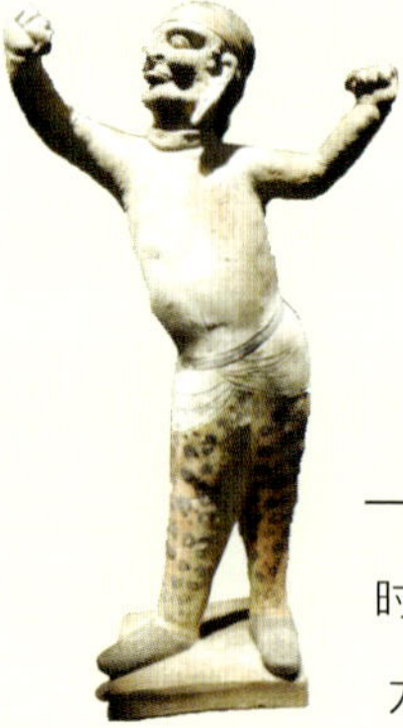

这是一件出土于甘肃庆城的胡人俑。

他两臂高举，斜腰拧胯，整个身体形成了一条富有动感的“S”形曲线。他穿着一条非常时尚的豹纹皮裤，头上缠着橘黄色发带，耳垂尤其长，可能来自印度。

他这优美的身段，自信的表情，好像正在跳舞，展示自己的身材，但也可能是在表现用力牵拉缰绳的一瞬，我们仿佛能想象到他正在费力拽着马或骆驼前进的画面。

一起来穿秋裤吧

唐

胡人俑

馆藏地
新疆维吾尔自治区博物馆

这是一件出土于新疆吐鲁番地区的胡人俑。

他单手叉腰，穿着翻领胡服，表情很是自信。唐代初年，唐人就攻灭了西域的国家高昌，将今天新疆吐鲁番地区的这片领土设立为西州。唐代中期，西州又被来自青藏高原的吐蕃人所攻占。

唐朝统治这里的 150 多年正是唐王朝最为兴盛的一段时期，中原文明向西传播。得益于这里干燥的气候，许多中原地区罕见的唐代文物都被保留了下来，接下来我们就会看到几件新疆的唐代文物。

牛气

唐

彩绘驮夫木俑

馆藏地
新疆维吾尔自治区博物馆

这是一件同样出土于吐鲁番的木俑。木质的俑很是少见，更何况他身上的色彩还如此鲜艳，只有在吐鲁番的干燥气候下，才能保存得如此完好。

出土这件俑的墓很特别，是一座夫妻的合葬墓。其中，丈夫早亡，他过世时，高昌还没有被唐朝攻灭，但妻子下葬时，唐人已统治此地数十年了。陪葬俑是汉人的习俗，所以这件木俑明显是妻子下葬时的陪葬品。

俑戴着高耸的尖头帽，据说唐初名臣赵国公长孙无忌就喜欢戴这种帽子，引得很多人争相效仿，风行一时。

盘他

唐

彩绘木胎傀儡戏俑

馆藏地

新疆维吾尔自治区博物馆

这件木俑同样出土于吐鲁番。

他的头部和身体用木头雕成，身穿锦绢外衣，胳膊用纸捻成。他挤眉弄眼，神情滑稽诙谐，不同于一般的墓俑，应当是用于表演的木偶，唐代称这种表演为“傀儡戏”。

唐代有表演“丧家乐”的风气，用精心制作的车马模型当作舞台，在送葬路上用木偶进行表演。这件木偶应该就参与了“丧家乐”的表演。

给你个眼神自己体会

唐

顶竿倒立俑

馆藏地

新疆维吾尔自治区博物馆

这是出土于新疆吐鲁番的一件杂技俑。

俑不太完整，有些残损，原件的顶杆还要长得多。“顶杆载人”是一项杂技绝活，汉代就有，我们前面看过的一组杂技俑，就是额头顶杆，两人在杆上做高难度表演，这一件则改在头顶上顶杆。

唐代有一本叫《独异志》的书记载，有一位奇女子王大娘，顶杆上可载十八人，技艺高超，绝无仅有。

放开我北鼻

唐

黑人戏弄泥俑

馆藏地

新疆维吾尔自治区博物馆

这件俑表现了表演“狮子舞”时的情景。

“狮子舞”是唐代盛行的一种滑稽戏，白居易有句诗说：“假面胡人假狮子。刻木为头丝作尾，金镀眼睛银帖齿……”

在这种滑稽戏中，利用木头、丝线做出假狮子，演员戴面具或是把脸涂黑，像黑人或胡人一样扮演驯兽师。就像这件俑所表现的黑人，其实是演员假扮的，并不是真实的黑人。

狮子是来自异域的动物，黑人也是相貌有别，从这种狮子舞在当时的盛行，足可看出唐人的好奇心。

全花果山最靓的崽

唐

大面舞俑

馆藏地
新疆维吾尔自治区博物馆

这是出土于新疆的一件舞蹈俑，它正在表演“大面舞”。

这种舞蹈也叫作“弄兰陵王”，源自真实的历史事件。传说北齐的兰陵王高长恭善于带兵打仗，勇猛刚毅，但是长相柔美如女子，他担心这样不足以威慑敌人，就做了一个面目狰狞的面具，作战时戴在脸上，破阵杀敌，屡战屡胜。

后人根据这个故事改编了舞蹈，演员身穿紫金战袍，头戴面具，表演兰陵王的故事。

阿打

唐

彩绘戴面具舞蹈俑

馆藏地
新疆维吾尔自治区博物馆

这件俑表现的是唐代表演“苏幕遮”舞蹈的场景。

新疆的吐鲁番地区夏天非常炎热，唐时，当地民众会在盛夏表演泼水歌舞，祈愿降温，这种表演越来越盛行，逐渐发展成了载歌载舞的大型演艺项目，开始借用西域女性所戴帽子的名称“苏幕遮”来指代这种表演。当时，表演苏幕遮舞曲都要戴各种兽面或鬼神的面具，就像这一件俑一样。

恶灵退散

唐

白马舞泥俑

馆藏地
陕西历史博物馆

这件俑乍看起来就是一个骑马者，但仔细一看就能发现，马腿太短了些，更像是人的小腿，马身子也没有腹部的线条，而是平齐的，马身上的人腿也像是伪造。

这件俑不是一个普通的骑马俑，它实际上表现的是像今天“跑驴”一样的滑稽戏——两人合演，两人的四条腿充当马腿，一人藏在马身中，另一人露出上半身，配合着音乐唱歌表演。

唐代的这类表演非常流行，表演的时候圈出一块场地，观众围看观赏。

套马的汉子

唐

生肖俑

馆藏地

新疆维吾尔自治区博物馆

这件俑表现了十二生肖中的鸡。

“十二生肖”这个说法在东汉时就有了，隋唐时期的墓葬中出现了生肖俑，它们被用来守护墓主人，驱邪避凶。

唐代，很多地方都有陪葬生肖俑的习俗，但方式不太一样，比如陕西地区往往陪葬一整套十二件生肖俑。但在这件鸡俑出现的新疆吐鲁番墓中，就只有这件鸡俑和另外一件猪俑，对应这座夫妻合葬墓，这两件俑可能代表了两位墓主人的属相。

鸡汤有毒

唐

鸟身俑

馆藏地

湖南省博物馆

这种鸟身俑常常出现在唐宋时期的墓葬中。

其实这种鸟身人头的形象很早就出现在墓葬中了，只不过一开始是画在墓室墙壁上，或雕刻在砖上，后来才变成立体的雕塑。

这种鸟与神仙信仰有关，代表着长生不死、千秋万岁，墓主人希望借助它们羽化登仙，获得永恒的生命，且保佑子孙福寿绵长。

鸟人

五代十国

舞蹈陶俑

馆藏地
中国国家博物馆

这是一件来自五代十国时期南唐的俑。

唐王朝经历了 280 多年后，在内忧外患之中瓦解了，中国历史进入了一个混战的时期——五代十国。五个朝代先后统治北方，而在南方出现了十个大小不一的国家，这种状况持续了大约 50 年。

南唐就是南方的其中一个国家，占据着江南的广大区域，国内比较富庶，经济也很繁荣。这一件俑就出土于南唐的开国皇帝李昪（biàn）的陵墓，可见南唐宫廷的歌舞升平和繁华奢侈。

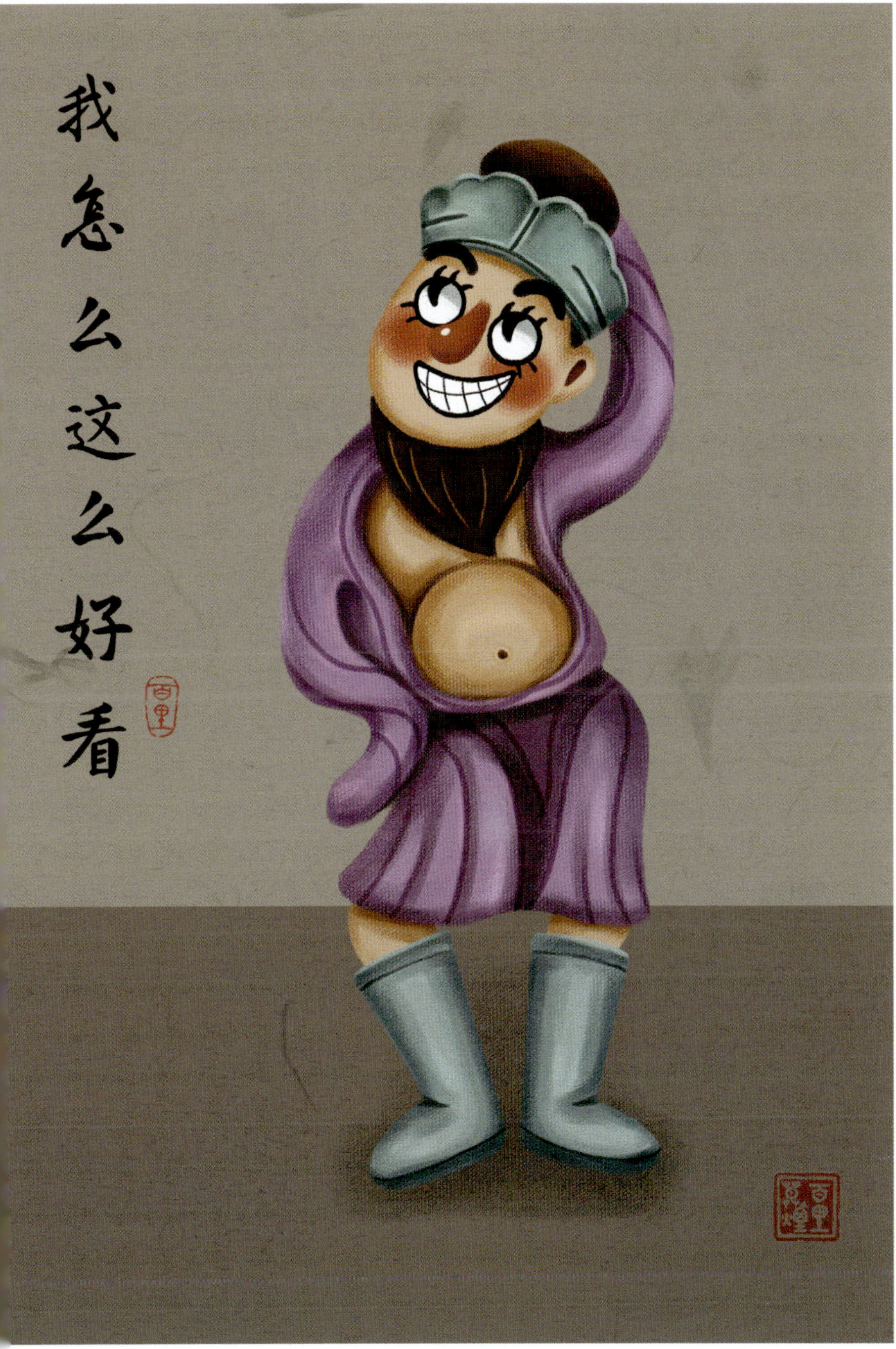
我怎么这么好看

五代十国

人首鱼身俑

馆藏地
南京博物院

这种形貌奇特的人首鱼身俑，隋代就出现在了河北地区，五代十国时北方没有，只在东南地区发现过。

对于这种神怪俑的作用和身份，有多种看法，有人认为它是公侯卿相置于东侧的镇墓神异；也有人认为随葬此类俑的墓主人从帝王将相到平民百姓都有，不符合高级官吏随葬的礼制，因此应该是道教中的雷神形象，道教经典中曾说：“虚皇太华君，乃西北之神，人首鱼身。”

往后鱼生

五代十国

赵廷隐墓彩绘伎乐俑

馆藏地

四川博物院

这是出土于五代十国后蜀的一件俑。

她头戴花冠，服装华丽复杂，身姿灵动飘逸，推测正在表演柘（zhè）枝舞。

这是来自西域的一种舞蹈，融合了多个少数民族的文化，唐代时流行于全国，后来又与南方当地舞蹈相结合，被改编为群舞。在出土这件俑的墓葬中，同样打扮的舞俑也确实有多个，应该正是专门表演柘枝舞的舞队。

哎
哟
哟

宋

红陶胡人踏鼓蹴鞠像

馆藏地

镇江博物馆

这是宋代的一件蹴鞠俑。

五代十国结束后，历史进入宋代。宋代社会繁荣、经济发达，城市娱乐生活开始迅速发展起来，比如蹴鞠（cùjū）。

“蹴鞠”就是踢球，虽然中国现在不是善于踢足球的国家，但足球这项运动的雏形可是很早就出现在我国了。宋代蹴鞠运动非常流行，有了充气的球，还变化出多种踢法，增强了比赛的表演性和观赏性；这一时期还产生了专门的蹴鞠组织，有着严格的社规。

来踢球吧

宋

俯匐俑

馆藏地
四川博物院

这是一件出土于四川地区的宋俑。

在墓葬中，一般会有另一种仰头望天的俑与这种俯身跪拜的俑成套出现。他们一个望着天空，一个向着地面，可能是在帮助墓主人观察天象、查考地候，以便根据天时地利占卜吉凶，甚至沟通神明万物，以此保佑墓主人千秋万岁、永无灾苦。

制作者根据现实生活中的风水先生或天文学家的形象设计了这种俑。

笑趴下了

金

相扑人物砖

馆藏地
陕西历史博物馆

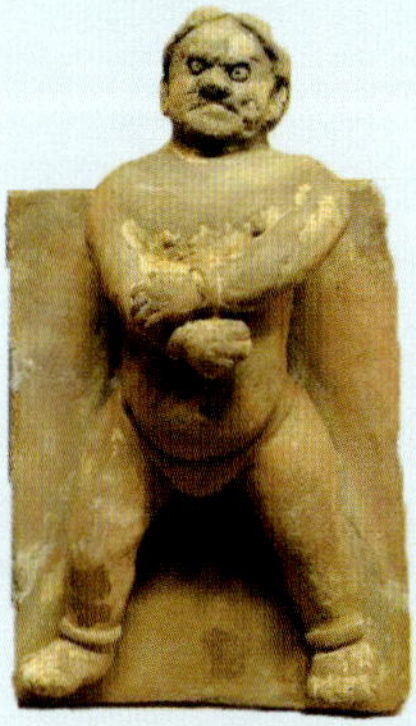

金朝，由来自北方的少数民族女真族创立，占据着北方，与宋朝长期对立。这就是一件金代的相扑人物砖。

相扑是一种古老的运动，秦汉时期就开始流行了，但最初更像是一种娱乐表演，后来竞技性质逐渐增强。

金代的统治者非常重视相扑运动，为此制定了一套完整的比赛规则，使相扑真正成为一种体育运动。

骑马舞

明

釉彩乐器俑

馆藏地

徐州圣旨博物馆

从宋代开始，在墓葬中陪葬陶俑的现象就越来越少了，宋之后的元代、明代陶俑就很罕见了。

这一组乐器俑就是明代的文物，是一支乐队。俑身上的釉色明亮鲜艳，应该是明代著名的琉璃釉。

明代，全国各地都有烧造这种琉璃釉制品的窑厂，当时的建筑上大量使用了这种釉，使得建筑外观流光溢彩、明艳生光。

明

陶蓝绿釉男俑

馆藏地
故宫博物院

这是明代的一件陶俑。

他的穿着是典型的明代风格，袖子很宽大，却在袖口处束起。这件俑釉色明亮，使用了“三彩”技法。

说到“三彩”，可能“唐三彩”更为出名，然而随着唐王朝的陨落，唐三彩成为传说，但这种釉陶器的烧制技术却流传了下来，没有断绝，此后又陆续出现“辽三彩”“宋三彩”“金三彩”“明三彩”等，这一件就是明三彩。

在心里

明

陶蓝绿釉男俑

馆藏地

故宫博物院

这也是一件明三彩。

后来的三彩器在颜色上有了转变，几乎以绿色为主，蓝色不再常用，配色柔和典雅、内敛含蓄。

唐三彩的器物基本上只作为墓葬中的陪葬品，现实生活中是不用的，后来的三彩却有了实用器型，开始在日常生活中使用。

扛把子

明

捧心陶俑

馆藏地
成都博物馆

这是明代的一件陶俑，也是我们此次文物之旅的最后一站了。

从春秋战国开始，俑出现在墓葬中，逐渐成了随葬品中尤为重要的一类，历朝历代的工匠们用木、陶、石、瓷等不同材质塑造着各种不同职业、不同身份、不同姿态的人物，还原着一个个生动鲜活的场景。

宋元以来，用纸糊扎丧葬器物的习俗开始流行，导致俑的使用减少；到了明代，就只有在零星的王族官僚墓中还能见到俑了，流行了 2000 多年的丧葬习俗就这样渐渐消解了。

心好痛

编后记

亲爱的读者朋友，你好！我是这本书的编辑姐姐，想在大家结束这段趣味之旅之前，分享一些我的想法。

大家心目中的文物，都是什么样的呢？

你或许和之前的我一样，觉得文物沉甸甸的，有些无趣；你或许会想，它们距离我们的生活是那么遥远，我们为什么要费工夫去了解和欣赏呢？为什么人们还要专门建造博物馆，来展示这些文物呢？

在本书中，我们一起探索了这些问题的答案。

聪颖姐姐用她充满魔力的画笔，将那些沉默的文物变成了活蹦乱跳的表情包。你会发现，原来这些文物距离我们的生活一点都不遥远，它们可以如此生动活泼！

每一幅文物表情包，我们对相应的文物原型都做了文字介绍，在这种古今碰撞中，你会发现，当我们换一种视角探索历史时，历史一点也不枯燥了，反而充满了生命力。

如果有机会，你一定要去博物馆亲眼看看，当面认识下这些文物朋友，说不定又会有新的发现哟！

博物馆文物索引

西北地区

彩蛋时间

锵咚锵

咚咚锵

不许动